essentials

Essentials liefern aktuelles Wissen in konzentrierter Form. Die Essenz dessen, worauf es als „State-of-the-Art" in der gegenwärtigen Fachdiskussion oder in der Praxis ankommt. Essentials informieren schnell, unkompliziert und verständlich

- als Einführung in ein aktuelles Thema aus Ihrem Fachgebiet
- als Einstieg in ein für Sie noch unbekanntes Themenfeld
- als Einblick, um zum Thema mitreden zu können.

Die Bücher in elektronischer und gedruckter Form bringen das Expertenwissen von Springer-Fachautoren kompakt zur Darstellung. Sie sind besonders für die Nutzung als eBook auf Tablet-PCs, eBook-Readern und Smartphones geeignet.

Essentials: Wissensbausteine aus Wirtschaft und Gesellschaft, Medizin, Psychologie und Gesundheitsberufen, Technik und Naturwissenschaften. Von renommierten Autoren der Verlagsmarken Springer Gabler, Springer VS, Springer Medizin, Springer Spektrum, Springer Vieweg und Springer Psychologie.

Hans H. Hinterhuber
Birgit Renzl
Christian H. Werner

Leadership-Strategie

Unternehmerische Führung als Erfolgsfaktor

Prof. Dipl.-Ing. Dr. Hans H. Hinterhuber
Hinterhuber & Partners
Innsbruck
Österreich

Prof. Dr. Birgit Renzl
Prof. Dr. Dr. Christian H. Werner

Privatuniversität Schloss Seeburg
Seekirchen am Wallersee/Salzburg
Österreich

ISSN 2197-6708 ISSN 2197-6716 (electronic)
essentials
ISBN 978-3-658-08653-4 ISBN 978-3-658-08654-1 (eBook)
DOI 10.1007/978-3-658-08654-1

Die Deutsche Nationalbibliothek verzeichnet diese Publikation in der Deutschen Nationalbibliografie; detaillierte bibliografische Daten sind im Internet über http://dnb.d-nb.de abrufbar.

Springer Gabler

Gedruckt auf säurefreiem und chlorfrei gebleichtem Papier

Springer Fachmedien Wiesbaden ist Teil der Fachverlagsgruppe Springer Science+Business Media (www.springer.com)

Vorwort

Dieses Essential basiert auf einem Kapitel des Herausgeberbandes „Zukunft der Führung“ von Sven Grote, erschienen 2012 im Verlag Springer Gabler. Für die Veröffentlichung in der Reihe Essentials wurde der Text überarbeitet und aktualisiert.

Inhaltsverzeichnis

1 Einleitung

Führung und Strategie sind die elementaren Bestandteile der Strategischen Unternehmensführung. In der Managementausbildung wurde der Strategiebegriff in den 1950er Jahren in den USA von den Professoren der Harvard Business School in den „Business Policy"-Kursen eingeführt. Die Forschung im Bereich des Strategischen Managements geht zurück auf die Arbeiten von Chandler (1962), der den Zusammenhang zwischen Strategie und Struktur in der Unternehmensführung erstmals aufzeigte, Ansoff (1965), der sich dem strategischen Management auf der Ebene des Gesamtunternehmens widmete, und Andrews (1971), der strategisches Management auf der Ebene der einzelnen Geschäftsfelder fokussierte. Unternehmensstrategie beinhaltet die Festlegung der langfristigen Ziele eines Unternehmens, die Politiken und Richtlinien sowie die Mittel und Wege zur Erreichung der Ziele. Eine wirksame Führung und eine gute Strategie sind die Grundvoraussetzungen für den nachhaltigen Erfolg von Unternehmen (Hinterhuber 2010, S. 82). Ein Unternehmen kann nur überleben und sich entwickeln, wenn es zur Lösung gesellschaftlicher Probleme beiträgt. Die gesellschaftliche Verantwortung der Unternehmen der Zukunft liegt darin, das Unternehmen als ein wertsteigerndes Umwandlungssystem von Ressourcen zu verstehen (Hinterhuber 2011, S. 20 ff.). Wenn ein Unternehmen in wirtschaftlich schwierigen Zeiten den Kunden einen Mehrwert bieten und durch engagierte Mitarbeiter seinen Wert steigern will, muss es Altes konsequent überprüfen, eingefahrene Geleise aufbrechen, vieles anders, besser, schneller oder vielfältiger machen und Barrieren zwischen den Individuen, Verantwortungsebenen, Geschäftseinheiten, Funktionsbereichen und regionalen Einheiten aufbrechen. Es geht, mit anderen Worten, weniger darum, schneller als die Konkurrenten Arbeitsplätze wegzurationalisieren und Produktionen in Nied-

H. H. Hinterhuber et al., *Leadership-Strategie,* essentials,
DOI 10.1007/978-3-658-08654-1_1

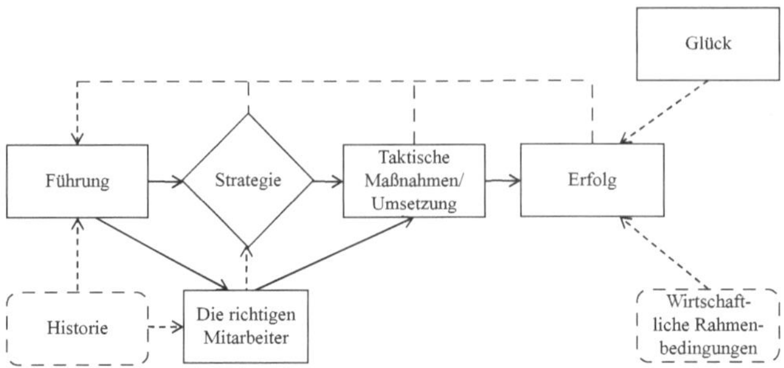

Abb. 1.1 Die Determinanten des unternehmerischen Erfolges. (Hinterhuber 2010)

riglohnländer zu verlagern, sondern vielmehr darum, alle Kräfte im Unternehmen zu mobilisieren und Strategien zu entwickeln, die die Produktivität erhöhen und zukünftige Entwicklungen einleiten. Die in wirtschaftlich turbulenten Zeiten zunehmend geforderte Innovationsfähigkeit muss sich in der strategischen Ausrichtung zeigen und mit adäquater Führung gefördert werden (Müller und Renzl 2014).

Auf der Grundlage der Analyse der bestehenden Literatur, persönlicher Erfahrungen sowie von Expertengesprächen mit herausragenden Unternehmern und Führungskräften, in denen diese gebeten wurden, ihre Sicht von Führung, Strategie, Taktik und Mitarbeiterführung in wirtschaftlich schwierigen Zeiten zu teilen, zeigt sich folgendes Bild. Unternehmen sichern ihr Überleben unter schwierigsten Rahmenbedingungen sowie in Märkten, deren Attraktivität dramatisch zurückgegangen ist, und können erfolgreich in die Zukunft geführt werden, wenn fünf Voraussetzungen gegeben sind (vgl. Abb. 1.1; Hinterhuber 2010):

- eine exzellente Führung,
- eine gute Strategie,
- taktische Maßnahmen mit rasch spürbaren Wirkungen,
- die richtigen Mitarbeiter und
- Glück.

Diese fünf Voraussetzungen sind wichtiger als die wirtschaftlichen Rahmenbedingungen und die Attraktivität der Märkte, in denen die Unternehmen operieren. Persönliche Erfahrungen, Interviews mit herausragenden Unternehmern und Führungskräften sowie das Forschungsprojekt zu Best Practices (Hinterhuber 2010) zeigen, dass diese fünf Voraussetzungen zu etwa 80 % den nachhaltigen Erfolg eines Unternehmens bestimmen, während die wirtschaftlichen Rahmenbedingungen nur mit etwa 20 % zum nachhaltigen Erfolg beitragen.

Der vorliegende Beitrag behandelt die Verbindung von Führung und Strategie. Die Hauptergebnisse sind:

- Die Frau oder der Mann an der Spitze einer Einrichtung bestimmen weitgehend deren Erfolg.
- Eine gute Strategie hat vier Komponenten, eine davon ist die HR-Politik. Die Qualität einer Strategie kann gemessen werden.
- Zur Verbindung von Führung und Strategie ist eine Leadership-Strategie notwendig.
- Die Ausführungen verstehen sich als Appell an Unternehmer und oberste Führungskräfte, mehr Mitarbeiter als heute zu Führenden mit unternehmerischer Geisteshaltung zu machen.

2 Hintergrund der unternehmerischen Führung

2.1 Empirische Evidenz in der Führungsforschung

Jede Organisation ist der verlängerte Schatten des Mannes oder der Frau an der Spitze. Exzellente Führung ist zentral für die nachhaltige Entwicklung eines Unternehmens. In den letzten fünfzig Jahren haben sich unterschiedliche Theorien in der Führungsforschung etabliert, sodass von einem Theorienpluralismus gesprochen wird (Glynn und Raffaelli 2011). Weniger heterogen sind die in der Führungsforschung verwendeten Methoden. Es sind hauptsächlich Umfragen und Dokumentenanalysen, die Auskunft darüber geben, was exzellente Führung auszeichnet. Es folgen Beispiele für die empirische Evidenz.

Jedes Jahr verlieren etwa 15 % der CEOs der weltweit größten Unternehmen ihre Stelle; in rund einem Drittel der Fälle erfolgt die Trennung wegen schlechter Performance. Dafür gibt es zwei Gründe: Entweder haben die Aufsichtsräte die falschen CEOs ausgewählt oder diese waren nicht in der Lage, gute Strategien zu entwickeln und umzusetzen. Neuere Studien und unsere Erfahrungen zeigen, dass weniger schlechte Entscheidungen der Aufsichtsräte als vielmehr die Komplexität im Wettbewerbsumfeld und im Unternehmen die Ursache dafür sind, dass viele, oft außergewöhnliche Führungskräfte mit ihren Strategien scheitern (Stadler und Hinterhuber 2005).

Trennt sich ein Unternehmen von seinem CEO, so liegt das in der Regel an dessen Inkompetenz. Es ist deshalb nicht verwunderlich, wenn sich die Wirtschaftsergebnisse des Unternehmens nach der Trennung verbessern. Bennedsen et al. (2008) haben in einer Longitudinalstudie dänischer Unternehmen zwischen 1992 und 2003 untersucht, wie sich der Tod des CEO auf den Gewinn des Unternehmens

H. H. Hinterhuber et al., *Leadership-Strategie,* essentials,
DOI 10.1007/978-3-658-08654-1_2

auswirkt. Es zeigt sich, dass das Wirtschaftsergebnis eines Unternehmens mit dem Tod des CEO sinkt. Der Tod eines Familienmitglieds des CEO führt ebenfalls zu einem Rückgang des Gewinns des Unternehmens, da der CEO zwangsläufig dadurch von seiner Führungsverantwortung abgelenkt wird. Die Studie zeigt somit, dass der Tod des CEO oder eines seiner Familienmitglieder negative Folgen für das Unternehmen hat. Der Tod eines Mitglieds des Führungsteams hat dagegen keine nennenswerten Auswirkungen auf den Erfolg des Unternehmens.

Baruch Lev (2009), Professor an der Stern School of Business, New York University, weist in einer groß angelegten Longitudinalstudie nach, dass die „managerial ability" die wichtigste Triebkraft für den nachhaltigen Erfolg eines Unternehmens ist; er zeigt auf der Basis von Bilanzdaten börsennotierter US-Unternehmen, dass langfristig überdurchschnittliche Ergebnisse auf das Wirken des CEO und seines Führungsteams zurückzuführen sind. Der CEO spielt deshalb eine wichtige Rolle für das Unternehmen. Je schwieriger die wirtschaftlichen Rahmenbedingungen sind, desto wichtiger ist somit eine exzellente Führung des Unternehmens. Grund für das Scheitern ist aber häufig nicht nur inkompetente Führung, sondern auch unethische Führung (Malmendier und Tate 2009; Wassermann 2010).

2.2 Exzellente Führung ist unternehmerische Führung

Ein Unternehmer ist, so Nicolas G. Hayek, der kürzlich verstorbene Präsident und Delegierter des Verwaltungsrates der Swatch Group AG, nicht nur der Inhaber eines Unternehmens, der sein Kapital riskiert; ein Unternehmer ist der, dessen Geisteshaltung und Einstellung alle unternehmerischen Eigenschaften umfassen (Hayek und Bartu 2005; Hayek 2008; Hinterhuber und Renzl 2004). Unternehmer sein ist eine Lebensform. Jeder kann nach dieser Lebensform denken und handeln, jeder kann eine unternehmerische Mentalität haben, sei er ein Professor, ein Projektmanager, ein Beamter, Philosoph oder Abteilungsleiter – wenn er es will und die Situation es verlangt.

2.3 Woran erkennt man einen Führenden?

Führung betrifft jeden in einer Organisation, sei es an der Spitze des Unternehmens, einer Abteilung oder eines Teams. Es ist jeder in der Führungsposition, der das Verhalten anderer auf einen gemeinsamen Zweck hin im positiven Sinn beeinflusst (Hinterhuber 2010). Es geht also um die Fähigkeit, Menschen im positiven

Sinn so zu beeinflussen, dass sie sich engagiert für die Erreichung der gemeinsamen Ziele und Aufgaben einsetzen.

Es gibt unterschiedliche Sichtweisen im Unternehmen (Clawson 2009):

Die Sicht des Angestellten:	Was erwartest du, dass ich mache?
Die Sicht des Bürokraten:	Das ist nicht meine Aufgabe. Unsere Verfahren erlauben das nicht.
Die Sicht des Verwalters:	Wie haben wir das das letzte Mal gemacht?
Die Sicht des Negativisten:	So wird das nie funktionieren. Wir haben das bereits versucht.
Die Sicht des Leaders/Unternehmers:	Nimmt die Veränderung vorweg, zieht daraus Nutzen für das Unternehmen, gestaltet die Zukunft und übernimmt die Verantwortung.

Ein Leader/Unternehmer bzw. Unternehmerin

- *sieht*, was zu tun ist,
- denkt *ganzheitlich* und hat die Verantwortung für das Ganze,
- *versteht* die Kräfte und Bedingungen, die in einer bestimmten Situation eine Rolle spielen,
- schafft eine *innovationsfreundliche* Organisation,
- *beeinflusst* das Verhalten anderer so, dass sie sich engagiert für die Kunden einsetzen,
- hat den *Mut*, Aktionen zu veranlassen, die die Dinge besser machen,
- *lebt* die Werte, die er/sie vertritt,
- entwickelt die Mitarbeiterinnen und Mitarbeiter und
- liefert Ergebnisse.

Abbildung 2.1 zeigt ein Modell, wie unternehmerisches Verhalten/Leadership beurteilt werden kann.

Ein Leader/Unternehmer/Unternehmerin	**Trifft zu Trifft nicht zu**
sieht was zu tun ist.	1 2 3 4 5
denkt *ganzheitlich* und hat die Verantwortung für das Ganze.	1 2 3 4 5
versteht die Kräfte und Bedingungen, die in einer bestimmten Situation eine Rolle spielen.	1 2 3 4 5
schafft eine *innovationsfreundliche* Organisation.	1 2 3 4 5
beeinflusst das Verhalten anderer im positiven Sinn so, dass sie sich engagiert für die Kunden einsetzen.	1 2 3 4 5
hat den *Mut*, Aktionen zu veranlassen, die die Dinge besser machen.	1 2 3 4 5
lebt die Werte, die er/sie vertritt.	1 2 3 4 5
entwickelt die Mitarbeiterinnen und Mitarbeiter.	1 2 3 4 5
liefert Ergebnisse.	1 2 3 4 5
Wer nicht alle Fragen mit „1" beantworten kann, sollte keine Führungsposition einnehmen.	

Abb. 2.1 Die Beurteilung von Leadership/unternehmerischem Verhalten. (Modifiziert nach Clawson 2009)

Beschreibung der Strategie als integrierendes Konzept zur Erreichung von Zielen

3

3.1 Die empirische Evidenz

Empirische Untersuchungen zeigen, dass in drei von vier Fällen eine Strategie verfolgt wird, die schlecht ist oder ihren Namen nicht verdient („Schein-Strategie") (Hinterhuber 2010). Die Untersuchungen basieren auf einer Studie mit mehr als 230 Geschäftseinheiten von 50 Unternehmen weltweit. Werden schlechte Strategien verfolgt, schwächt das ein Unternehmen bis zur Zerschlagung, zum Verkauf oder sogar Konkurs. Gute Strategien schaffen die Basis für nachhaltigen Erfolg und die langfristige Überlebensfähigkeit eines Unternehmens.

Strategie ist relevant – nicht nur für Mitglieder des Vorstands. Wer für einen Geschäftsbereich, eine Abteilung, eine Vertriebsorganisation, eine Produktlinie, eine Tochtergesellschaft eines Konzerns oder ein Kundensegment verantwortlich ist, muss sich die Fragen stellen: Ist die von mir verantwortete Unternehmenseinheit heute so erfolgreich, wie sie es bestenfalls sein könnte – schöpfe ich heute ausreichend Potenzial aus? Und zweitens: Wohin geht die Reise – wie stelle ich sicher, dass ich auch morgen noch über ausreichend Wachstumsperspektiven verfüge?

Strategie ist auch dann relevant, wenn das Unternehmen oder die Geschäftseinheit heute bereits erfolgreich ist. Unternehmen wie Hoechst AG, Schering AG, Mannesmann AG, Amoco, Mobil, Gillette, AT&T, Aventis SA und andere waren „erfolgreich" in dem Sinn, dass keines von ihnen in einer finanziellen Krise stand und dass diese Unternehmen die Kapitalkosten erwirtschafteten, also Wert schufen. Dennoch verschwanden alle diese Unternehmen vom Markt – ausnahmslos. Der Grund? Es fehlte eine Strategie und es gab jemanden – einen neuen Eigentümer –, der davon überzeugt war, dass das betroffene Unternehmen mit einer neu-

H. H. Hinterhuber et al., *Leadership-Strategie,* essentials,
DOI 10.1007/978-3-658-08654-1_3

en Strategie und unter neuen Eigentümern besser dastehen würde als zuvor. Gute Strategien sichern also Gegenwart und Zukunft eines Unternehmens. Schlechte Strategien gefährden die Existenz eines Unternehmens, selbst wenn dieses heute erfolgreich ist.

3.2 Die vier Dimensionen der Strategie

Strategie hilft, die Wahrscheinlichkeit für langfristig überdurchschnittlichen Erfolg zu erhöhen, sowohl beim Wettbewerb auf existierenden Märkten als auch bei der Schaffung neuer Märkte. Im ersten Fall ermöglicht eine Strategie es, die Ausgangslage zu verbessern, indem Entscheidungen getroffen werden, die das Potenzial in sich tragen, nachhaltiger und profitabler zu sein als konkurrierende Entscheidungen. Im zweiten Fall ermöglicht eine Strategie es, rascher und besser zu lernen und damit die unvorhersehbare Marktdynamik besser zu eigenen Zwecken zu nutzen als Wettbewerber. Welche Bausteine enthält also eine Strategie?

Gute Strategien zeichnen sich dadurch aus, dass sie auf der Basis von vier Dimensionen klare Antworten geben (siehe Abb. 3.1; Hinterhuber 2010).

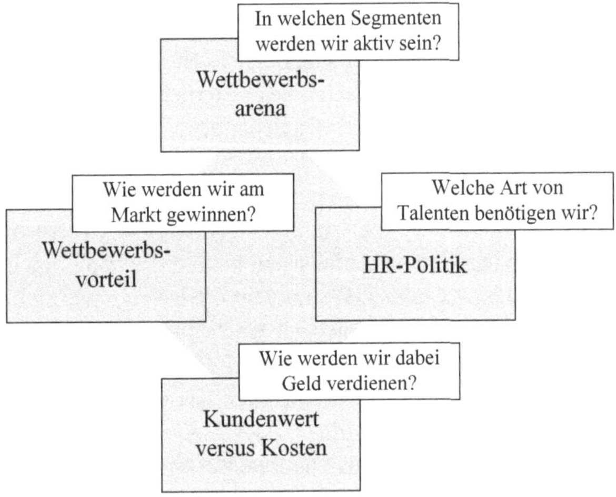

Abb. 3.1 Der Strategiediamant. (Quelle: Hinterhuber & Partners)

Klare Definition von Wettbewerbsvorteilen

Wettbewerbsvorteile sind die Antwort auf die Frage „Wie werden wir am Markt gewinnen?“. In den Worten von Jack Welch: „If you don't have a competitive advantage, don't compete.“

Überdurchschnittliche Renditen sind nur dann möglich, wenn das Unternehmen über Fähigkeiten, Ressourcen, Prozesse oder Beziehungen verfügt, die nicht imitierbar und schwer substituierbar sind.

Klare Definition der Wettbewerbsarena

Hier geht es um die Antwort auf zwei Fragen: „Wie segmentieren wir den potenziellen Markt?“ und „In welchen dieser Marktsegmente wollen wir für unsere Kunden der bevorzugte Partner sein?“

Klare HR-Politik

Eine Strategie ist nichts ohne Organisation, eine Strategie ist nichts, ohne in Form einer klaren HR-Politik an das „Wer?“ und „Wie?“ der Umsetzung zu denken. HR-Politik beantwortet also die Frage „Welche Art von Talenten brauchen wir, um in Zukunft überdurchschnittlichen Erfolg zu erreichen?“. Antworten auf diese Frage finden sich im nächsten Abschnitt.

Kundenwert versus Kosten

Hier geht es um die Beantwortung der Frage: „In welchem Verhältnis stehen geschaffener Kundennutzen und Gestehungskosten des Unternehmens?“ bzw. „Schafft das Unternehmen ausreichend Wert in den vorher definierten Marktsegmenten, um überdurchschnittlich profitabel agieren zu können?“

3.3 Die Messung der Qualität einer Strategie

Wir laden Unternehmer und Führungskräfte ein, die Qualität der Strategie ihrer Unternehmenseinheit zu testen (siehe Abb. 3.2; Hinterhuber 2010).

Wie wissen Sie, dass Ihre Business Unit eine gute Strategie hat?	
Die folgenden Fragen können helfen, zu erkennen, ob eine Geschäftseinheit eine gute Strategie hat:	
1. Wettbewerbsvorteile	Trifft nicht zu Trifft zu
Sind die Wettbewerbsvorteile der Business Unit klar definiert?	1 2 3 4 5 6 7 ☐ ☐ ☐ ☐ ☐ ☐ ☐
Kann jede Führungskraft die Frage beantworten: „Wie werden wir im Markt gewinnen?"	1 2 3 4 5 6 7 ☐ ☐ ☐ ☐ ☐ ☐ ☐
2. Wettbewerbsarena	
Ist die Marktsegmentierung kundenorientiert und reflektiert sie die Stärken des Unternehmens?	1 2 3 4 5 6 7 ☐ ☐ ☐ ☐ ☐ ☐ ☐
Sind die Marktsegmente klar definiert, in denen den Kunden ein höherer Mehrwert geboten werden kann als durch die Konkurrenz?	1 2 3 4 5 6 7 ☐ ☐ ☐ ☐ ☐ ☐ ☐
Hat das Marktsegment ein Potenzial, das uns erfolgreich in die Zukunft tragen kann?	1 2 3 4 5 6 7 ☐ ☐ ☐ ☐ ☐ ☐ ☐
3. HR-Politik	
Wissen wir, welche Arten von Talenten benötigt werden, um in bestehenden Märkten noch erfolgreicher zu sein?	1 2 3 4 5 6 7 ☐ ☐ ☐ ☐ ☐ ☐ ☐
Wissen wir, welche Arten von Talenten benötigt werden, um neue Märkte zu erschließen?	1 2 3 4 5 6 7 ☐ ☐ ☐ ☐ ☐ ☐ ☐
Ziehen wir die richtigen Talente an?	1 2 3 4 5 6 7 ☐ ☐ ☐ ☐ ☐ ☐ ☐
4. Kundenwert versus Kosten	
Schafft die Business Unit ausreichend Wert für die Kunden in den oben definierten Marktsegmenten, um überdurchschnittlich profitabel zu sein?	1 2 3 4 5 6 7 ☐ ☐ ☐ ☐ ☐ ☐ ☐
Ist der Unterschied zwischen Kosten und Kundennutzen signifikant und nachhaltig positiv?	1 2 3 4 5 6 7 ☐ ☐ ☐ ☐ ☐ ☐ ☐
60+: Gute Strategie Stellen Sie Unterstützung für eine erfolgreiche Umsetzung sicher 40-59: Ausreichendes Strategie-Potenzial Schärfen Sie das Profil der Strategie anhand des Strategie-Diamanten Unter 40: Großes Strategie-Defizit: Gefahr, eine Schein-Strategie zu verfolgen Nehmen Sie ein weißes Blatt Papier und setzen Sie die Strategie neu auf	

Abb. 3.2 Selbstbeurteilungs-Übung zur Strategie. (Hinterhuber 2010)

Relevanz für die Praxis: Verbindung von Führung und Strategie

4

4.1 Die Führungskräfteauswahl und -entwicklung auf die Strategien ausrichten

In diesem Abschnitt geht es darum, Führung und Strategie zu verbinden. Die gewählten Strategien sind ausschlaggebend für die Führungskräfteentwicklung. Die Auswahl und Entwicklung der Führungskräfte hat eine lange Tradition (Hinterhuber und Renzl 2004). Vorstände und Aufsichtsräte sind sich bewusst, dass eine gute Führung eine unverzichtbare Voraussetzung zur nachhaltigen Wertsteigerung des Unternehmens ist. Das heißt allerdings noch nicht, dass die Auswahl und Entwicklung der Führungskräfte für das Senior Management auch schon überall fest und systematisch etabliert wären. Wir kennen erfolgreiche Unternehmer, Vorstands- und Aufsichtsratsmitglieder, die auf ihren patriarchalischen Führungsstil schwören, ohne sich bewusst zu sein, dass sie in den Augen ihrer Führungskräfte schon längst als Relikt empfunden werden.

Die entscheidenden Fragen für die Zukunft eines jeden Unternehmens lauten:

- Welche Führungskräfte brauchen wir für das nachhaltige und profitable Wachstum des Unternehmens?
- Mit welchen Führungskräften wollen wir unsere Wachstumsstrategien umsetzen?
- Woher kommen sie?

H. H. Hinterhuber et al., *Leadership-Strategie,* essentials,
DOI 10.1007/978-3-658-08654-1_4

- Wie sollen sie auf ihre zukünftige Führungsverantwortung vorbereitet werden?
- Wie kommunizieren wir die Reputation unseres Unternehmens so nach außen, dass klar wird, dass die Qualität unseres Führungsteams ein Schlüsselfaktor für den zukünftigen Erfolg ist?

Diese und ähnlich wichtige Fragen werden häufig mit informellen Ansätzen beantwortet. Schlüsselpersonen, die gegenwärtige oder potenzielle Leiter von wichtigen Unternehmenseinheiten sind, werden beobachtet und ihre Leistungen werden erfasst und bewertet. Je nach den sich im Unternehmen ergebenden Möglichkeiten werden diese Führungskräfte mit zunehmend wichtigeren Aufgaben betraut. Unsere Erfahrungen zeigen allerdings, dass dieser Beurteilungsprozess abgebrochen wird, sobald nach Jahren mehr oder weniger genauer Bewertung festgestellt wird, dass die jeweilige Führungskraft ihr höchstes Leistungspotenzial erreicht hat. Dadurch gehen dem Unternehmen wichtige Kandidaten für zukünftige Führungspositionen verloren. Die Erfahrung zeigt, dass die Entwicklung von oberen und obersten Führungskräften nicht vor Ablauf von drei bis fünf Jahren zu konkreten Ergebnissen führt. Die zukünftige Organisationsstruktur ist deshalb wichtiger als die heutige. Das bedeutet, dass die Strategien des Unternehmens die Grundlagen sind, um Art und Umfang der Managemententwicklungsprozesse zu bestimmen. Es sind die Strategien, die die Organisationsstruktur und somit die Anforderungen an die Führungskräfte bestimmen. Kurzfristig muss ein Unternehmen zwar von den verfügbaren Führungskräften geführt werden. Wenn diese der idealen Organisation aber nicht entsprechen, bleibt nichts anderes übrig, als die Organisation anzupassen. Die Führungskräfteentwicklung sollte jedoch immer auf die beste zukünftige Organisation ausgerichtet sein, die man realistischerweise verwirklichen kann.

4.2 Entwicklung einer Leadership-Strategie

Die zuverlässige Entwicklung von qualifizierten Führungskräften für Wachstumsstrategien ist vordringlich und ebenso wichtig wie die Ausschöpfung gegenwärtiger Gewinnpotenziale des Unternehmens. Jedes Unternehmen braucht eine Leadership-Strategie, das heißt ein integriertes Gesamtkonzept zur Nachwuchsauswahl und -förderung, das auf die Geschäftsstrategien ausgerichtet ist. Die Leadership-Strategie beschreibt die verschiedenen Maßnahmen, mit denen Wachstumsstrategien unterstützt werden, und enthält die Anforderungsprofile, die für Wachstumsstrategien erwünscht sind. Das bewährte Prinzip des Sich-Hochdienens von funktionaler Verantwortung zur Leitung von Geschäftseinheiten und regionalen Gesellschaften wird auch in Zukunft als Reservoir brauchbarer Führungskräfte beibehalten werden. „Lernen aus Fehlern“ geschieht auf den unteren Verantwortungsebenen. Auf dem Weg zu den oberen und obersten Führungspositionen muss aber eine intensive Führungskräfteschulung stattfinden. Die Erfolgsformel von General Electric für das Gewinnen des „Krieges um Talente“ ist einfach: Stelle die besten Talente ein, gib ihnen die Möglichkeit, zu wachsen, schaffe in der Organisation eine Leistungskultur, erstelle ein Ranking deiner Führungskräfte, prüfe rigoros und systematisch ihre Leistung und Beförderungsfähigkeit, differenziere in Gehalt und Aufstiegsmöglichkeiten zwischen den besten und den am wenigsten effektiven Führungskräften, verkaufe Karrieren, nicht Arbeitsplätze (Hinterhuber et al. 2006; Hinterhuber 2010).

4.3 Auswahl und Beurteilung der Führungskräfte

Jedes erfolgreiche Unternehmen ist eine Meritokratie. Unternehmer und Führungskräfte verwenden ihre Zeit als Belohnung derjenigen, die die vereinbarten Ziele erreichen, ja vielleicht übertreffen und dies auf Wegen tun, die mit den Führungswerten des Unternehmens übereinstimmen. Der beste Prädiktor für die zukünftige Leistung eines Menschen ist sein Verhalten in der Vergangenheit. Führungskräfte und Mitarbeiter, die in der Vergangenheit ihre Leistungsfähigkeit unter Beweis gestellt haben, erhalten deshalb in der Regel mehr Aufmerksamkeit, mehr Zeit und Unterstützung, um zu wachsen und sich weiterzuentwickeln, als schwächere Führungskräfte und Mitarbeiter. Denn von ihnen können die größten Verbesserungen und Erschließungen von neuen Möglichkeiten erwartet werden.

In einer kompetitiven Führungskultur, wie sie für die USA typisch ist und sich in schwierigen Zeiten auch in Europa durchsetzt, wird von den Vorgesetzten verlangt, dass sie ihre Führungskräfte und Mitarbeiter in drei Gruppen einteilen:

- die ±25 % „highly talented people“ (top 25 %)
- die ±65 % „high potentials“ (highly effective people)
- die ±10 % „less effective people“

Ähnliche Klassifizierungen finden sich zunehmend auch in europäischen Unternehmen.

Diese Klassifizierungen sind problematisch, die Grundidee ist richtig. Unkritisch angewandt, ist dieses Beurteilungssystem der Führungskräfte und Mitarbeiter eine der schlimmsten Management-Innovationen des vergangenen Jahrhunderts. Es kann die Führungskultur und die Moral zerstören, Teamgeist durch Neid und

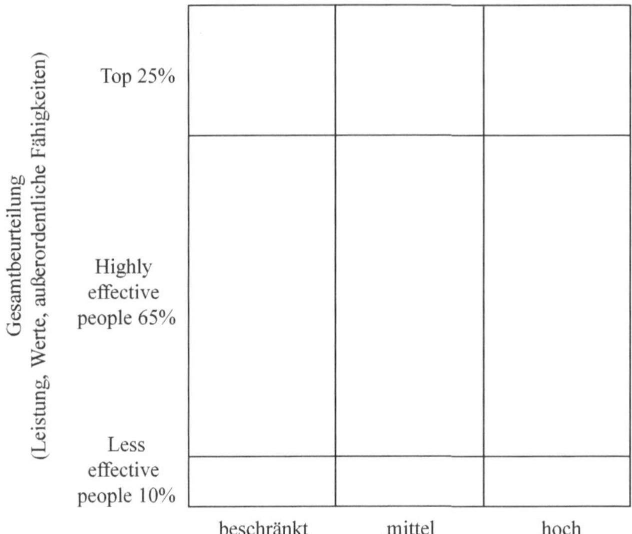

Abb. 4.1 Die Beurteilung von Führungskräften. (Quelle: General Electric Company)

Rücksichtslosigkeit ersetzen sowie unproduktive Rivalitäten und schrankenlosen Egoismus fördern. Richtig angewandt, soll das System bewirken, dass sich die Mitarbeiter mit sich selbst vergleichen, nicht mit den anderen; es soll, mit anderen Worten, den Mitarbeitern einen Spiegel vorhalten.

Richtig und mit Diskretion angewandt, wenn die Gründe untersucht werden, warum jemand die erwartete Leistung nicht bringt, und wenn den „less effective people" geholfen wird, ihr Bestes zu geben und sie auch langfristig motiviert sind, führt das System zu einer Meritokratie – wie sie jedes Unternehmen sein sollte.

General Electric hat aufgrund dieser Klassifizierung ein Raster entwickelt (siehe Abb. 4.1), mit dem Führungskräfte beurteilt werden. Die Kerngedanken dieser Beurteilung sind:

1. Von den ± Top 25 % wird erwartet, dass sie
   - auf exemplarische Weise die Führungswerte leben und vorleben,
   - herausragende Leistungen zur Sicherung und Weiterentwicklung der laufenden Geschäftstätigkeiten erbringen,
   - offen sind für neue Möglichkeiten und daraus Nutzen für die Zukunft des Unternehmens bringen.

2. Von den ± 10 % der Führungskräfte, die die Leistung nicht erbringen, die Führungswerte nicht leben oder Trittbrettfahrer sind, trennt sich das Unternehmen, wobei die Gründe für die ungenügende Leistung untersucht und berücksichtigt werden.
3. Die Führungskräfte auf jeder Verantwortungsebene des Unternehmens sind für die Entwicklung ihrer Mitarbeiter verantwortlich.
4. Spitzenführungskräfte werden sowohl „in der Seele als auch in der Geldtasche" belohnt.

5 Ausblick

Dieses Essential knüpft an die klassischen Konzepte der Strategischen Unternehmensführung (Hinterhuber 2011) an und stellt die Bedeutung von Führung und Strategie sowie die Verbindung dieser beiden Elemente im Rahmen einer Leadership-Strategie dar. Es zeigt, wie wichtig die unternehmerische Führung gerade in wirtschaftlich turbulenten Zeiten ist und wie an dieser Führungsexzellenz systematisch im Sinne einer Leadership-Strategie gearbeitet werden kann und soll.

Kein Unternehmen kann andere Ergebnisse erwarten, wenn es die gleichen Dinge tut wie bisher. In schwierigen Zeiten wird von Führungskräften erwartet, dass sie ein Gespür dafür haben, wohin sich der Markt entwickelt und welche Produkte und Dienstleistungen die Kunden wirklich wollen, und dass sie alle Energien in sich selbst und in den Mitarbeitern mobilisieren. Voraussetzungen dafür sind eine exzellente Führung und die richtige Strategie.

Die Kernaussagen des vorliegenden Beitrags lassen sich folgendermaßen zusammenfassen:

- Eine exzellente Führung ist der wichtigste Faktor für den Erfolg einer jeden Organisation.
- Exzellente Führung ist unternehmerische Führung. Ein Unternehmer ist nicht nur der Inhaber eines Unternehmens, der sein Kapital riskiert. Ein Unternehmer ist der, dessen Geisteshaltung und Einstellung alle unternehmerischen Eigenschaften umfassen. Diese Geisteshaltung und Einstellung können gemessen werden.

H. H. Hinterhuber et al., *Leadership-Strategie,* essentials,
DOI 10.1007/978-3-658-08654-1_5

- Die Strategie ist ein Gesamtkonzept zur Erreichung von Zielen in einer turbulenten Umwelt und hat vier Dimensionen. Es wird gezeigt, wie die Qualität einer Strategie gemessen werden kann.
- Die Verbindung von Führung und Strategie erfolgt über eine Leadership-Strategie. Diese gibt an, welche Führungskräfte für das nachhaltige und profitable Wachstum sowie für die Existenzsicherung des Unternehmens benötigt werden. Ein Vorgehen zur Auswahl und Beurteilung der Führungskräfte wird vorgestellt.

Die technische, wirtschaftliche und soziale Kreativität des Unternehmens und seine strategischen Fähigkeiten sind notwendige Bedingungen für nachhaltigen Erfolg. Entscheidend sind letzten Endes die Persönlichkeit und der Charakter der Führungskräfte, ihre Werte und Einstellungen sowie das Klima, das sie schaffen. Die zentrale Rolle des Faktors Mensch wird hier einmal mehr betont.

Literatur

Ansoff, I. (1965). *Corporate strategy*. New York: McGraw Hill.

Andrews, K. (1971). *The concept of corporate strategy*. Homewood: Irwin.

Bennedsen, M., Pérez-Gonzáles, F., & Wolfenzon, D. (2008). Do CEO's matter? Copenhagen/NYU Working Paper, No. FIN-06-032.

Chandler, A. D. (1962). *Strategy and structure: Chapters in the history of the American industrial enterprise*. Cambridge: MIT Press.

Clawson, J. G. (2009). *Level three leadership. Getting below the surface*, 4. Aufl. Upper Saddle River.

Glynn, M. A., & Raffaelli, R. (2011). Uncovering mechanisms of theory development in an academic field: Lessons from leadership research. *The Academy of Management Annals, 4*(1), 359–401.

Hayek, N. G., & Bartu, F. (2005). *Nicolas G. Hayek im Gespräch mit Friedemann Bartu. Ansichten eines Vollblutunternehmers*. Zürich: Nzz Libro.

Hayek, N. G. (2008). Verantwortung der Schweizer Unternehmer in einer globalisierten Welt. Referat gehalten am „Tag der Wirtschaft" der Economiesuisse in Baden am 05.09.2009

Hinterhuber, H. H. (2015). *Strategische Unternehmensführung*, 9. neu bearb. und erw. Aufl. Berlin: ESV.

Hinterhuber, H. H. (2010). *Die 5 Gebote für exzellente Führung*. Frankfurt a. M.: F.A.Z.

Hinterhuber, H. H., & Renzl, B. (2004). Der Unternehmer als Innovator und Erkenntnistheoretiker. In E. Schwarz (Hrsg.), *Nachhaltiges Innovationsmanagement* (S. 3–28). Wiesbaden: Gabler.

Hinterhuber, H. H., Renzl, B., & Matzler, K. (2006). The leadership company – Leadership as core competency in the firm of the future. In M. T. del Val Nuñez, J. Sánchez, M. Yolanda, & C. García Grewe (Hrsg.), *Economy, entrepreneurship, science and society in the XXI century* (S. 543–561). Alcalá de Henares: Universidad de Alcalá.

Lev, B. (2012). *Winning investors over. Surprising truths about honesty, earnings guidance, and other ways to boost your stock price*. Boston: Harvard Business Review Press.

Malmendier, U. & Tate, G. A. (2009). Superstar CEOs. *The Quarterly Journal of Economics, 124*(4), 1593–1638.

Müller, J., & Renzl, B. (2014). Leadership im Wissenszeitalter – eine empirische Follow-up Studie. In K. Matzler, H. Pechlaner, & B. Renzl (Hrsg.), *Strategie und Leadership* (S. 71–93) Wiesbaden: Springer Gabler.

H. H. Hinterhuber et al., *Leadership-Strategie,* essentials,
DOI 10.1007/978-3-658-08654-1

Stadler, Ch., & Hinterhuber, H. H. (2005). Shell, Siemens and DaimlerChrysler: Leading change in companies with strong values. *Long Range Planning, 38,* 467–484.

Wassermann, N., Anand, B., & Nohria, N. (2010). When does leadership matter? A contingent opportunities view of CEO leadership. In N. Nohria & R. Khurana (Hrsg.), *Handbook of leadership theory and practice* (S. 27–63). Boston: Harvard Business Press.